비는 살아있다

안혜경 시집

문학의전당 시인선
248

비는 살아있다

안혜경 시집

문학의전당

시인의 말

할 말보다 삼킨 말들이 더 많았다.

2017년 2월

안혜경

차례

제2부

제3부

제4부

제1부

눈

새들의 집에 눈이 내린다
잔가지에 매달려 있던 울적한 마음
등불이 되어 빛난다
눈의 리듬을 타고
들판으로 멀리 달려간다
길은 이미 보이지 않는다
눈에 스며든 마음 투명해져서
안개 빛이 감돈다
때로 마른 목소리로 속삭이기도 하고
꽃송이로 아른거리기도 하고
구불구불 고개를 넘어
언덕을 내려가니
고즈넉한 풍경 속에
깊이를 알 수 없는
적막 한 채

물고기의 잠

절터를 거닐다
문득
물고기의 잠 속으로 슬며시 들어간다
흔들거리는 마른 풀 사이에서
거돈사의 기억을 훔친다
석등에 은은히 비치는 불빛
무지갯빛으로 빛나는 물방울

저녁이 가까워 오고
주위는 고요하다
지느러미를 흔드는 물결조차 고요하다
물고기의 잠에 기대어
들려주는 이야기를
오래오래 기억하려고
느티나무에 안긴다

손은 꽁꽁 묶여 있고
어깨는 저절로 움츠러든다

잠은 멀어지고
물결은 소리 없이 어디론가 사라진다

손바닥에 새겨진
물고기의 기억을 가만히 들여다본다

고견사(古見寺) 풍경 소리 1

절집에 사람 그림자 하나 보이지 않는다
우두산 바람 자락이 마당을 휘돌고 간다
뒤따라온 바람에 풍경 소리 흩날린다
마치 모든 것을 흔드는 것처럼
산 아래로
눈처럼 흩날린다
바람이 우는 것인지
마당에 탑 그림자 길게 드리운다

고견사(古見寺) 풍경 소리 2

바람이 허공을 힘껏 내려친다

절 마당에 잎들이 쌓인다

모든 소리가 들린다

먼 곳에서 오래된 산의 메아리

하얀 서리의 냄새가 휘몰아쳐

온몸을 휩쓸고 지나간다

몸이 텅 비워진다

바람은 찻잔 속에 휘몰아치고

문 앞에 가방이 놓여 있다
지난 일들이 꾹 눌려 담겨 있는
기억의 바닥이 요동을 친다
아직도 겨울 냄새가 묻어나오는
차가운 비
어둠의 밑바닥을 홀로 헤엄쳐 온 듯
덩달아
커피잔에 사납게 몰려오는 미친 파도
바람은 찻잔 속에 휘몰아치고
의자도 흔들린다
창문으로 달려드는 폭풍 위에
험하게 솟구치는 바다를 본다
순간
찻잔을 떨어뜨린다

월미도 편지

파도에 뒤섞여
무심하게 발을 적시는 지난날
때때로 바람은
서해의 끝자락에 기대어
갯바닥을 흔들어댄다
수많은 세월 후회는 없으나
마음은 내려앉는다
수평선에 얽매이지 않고
긴 날들을 꿈꾸었으며
파도에 써내려간 글들은
반달의 꼬리에 매달려 구전된다
방파제를 밀어내는 차가운 울림
오늘도 달빛을 꿈꾸며
갯벌 속에 발꿈치를 돋우는 것을
아무도 알지 못하리라

현관문을 열 때마다

현관문을 열 때마다
서늘한 공기가 목을 비튼다
새벽은 늘 고요하여
문 앞에 죽음이 서 있을지 모른다고
조바심을 내는 손이 떨린다

별빛은 아스라이 희미하고
조간신문에서는 출항하는 배의 냄새가 난다
해안을 철썩이는 파도 소리
고요한 만(灣)을 에워싸는 흰 거품이 보인다
죽음의 옷자락과 파도 사이에서
새벽 공기가 비틀거린다

포효하는 파도 소리
와글거리는 모래알
두려움 때문에 창문을 열지 못한다
다시 밀려오는 물보라에 눈을 떼지 못할 때
빠르고 힘차게 마음속에 음표를 그린다

발밑에 부서지는 리듬 속에서
중심을 잡을 수 없다
다만 새벽빛에 젖어든
죽음의 한 생각을 찾아내는 것이다

일요일 오전

날들은 가로수를 따라 길게 뻗어 있다
나무들 위로 가득 차 있는 것들
갑자기 칼을 휘두르거나
또는 의미도 없이 분주하기만 하다
비명을 질러대는 위협적인 신호들
그 신호들로부터 도망가고 싶다
아님 기억상실에라도 걸려
파란 하늘 위로 두둥실 날아가고 싶다
날들은 천천히 그 자체로 집을 이루는데
너나 할 것 없이
그 집 속에서 모두 떨고 있다

일요일 오후 세 시

나날의 파편
파편들이 이루는 리듬
때로는 달콤하고
때로는 겨울 멜로디
그리고 두려움 속에서
소리를 잃어버린 리듬이
밤새도록 창밖으로 토해놓은
한숨들이 모여
만들어진 새로운 레퀴엠
날들이 내뿜은 한숨들이 달려가
마주치는 지평선
십 년이 흐르면
또 그만큼 멀리 가 있는 지평선
항상 어딘가에 도달하지 못한 생각
어리석은 희망들이 있다
그리고 그것들과 더불어
그 어떤 시작도 없이
날들이 몰려온다

히바의 저녁 하늘을 떠도는

저녁 어스름이 성벽에 어깨를 기댄다
사라져라, 여름날이여
구름도 슬쩍 마을에 팔을 걸친다
골목길을 먼저 달려가는 어둠
사원의 계단에 뒹굴고 있는
고단한 날들의 발자욱
마무리되지 못한 생각의 부스러기들
깨진 창문에서 새어나오는 불빛
쓸쓸함을 타고 지평선으로 뻗어나간다
날들은 어느 날 갑자기
날아가 버릴 것이다
살랑대는 바람도
아이들의 소리도
느닷없이 흩어질 것이다
멈출 수 있는 것은 아무것도 없다
저녁 하늘을 떠도는 말들을 잡으면
모래가 되어 스르륵 흘러내린다
수수께끼 같은 말들의 모래밭에 푹푹 빠지는 신발

히바의 하늘에 열쇠는 보이지 않는다
잠글 수도 열 수도 없는 세상
어떤 해명도 없이
발걸음은 사막에 이른다

9월의 집

오후에 9월의 집을 방문한다
어둠으로 불어난 물
마당으로 냇물이 흐른다
새벽 세 시에 몸속을 흐르던 고독이 떠다닌다
어제는 회색 검정에 뒤섞여
그저께도 지붕 위를 걷는 몽유병자처럼

물결에 흔들리는 집
물속에 비치는 누군가의 손
그 손을 잡는다
사나운 물살에 손을 놓쳐버린다
벽에 부딪히는 물결 소리

창문에 남겨진 손길
물속을 흐르는 모호한 9월의 집
무릎까지 차오르는 물을 첨벙거리며
밤새도록 집 안을 돌아다닌다

10월

단풍잎이 버석거린다
발밑으로 흐르는 물소리
구름은 몰려와 어둠을 가볍게 하고
밤은 잠을 뒤척이다 길을 떠난다
길 떠난 자를 맞아주는 것은
역시 물소리
여러 해가 지나도 간략하게 정의하는 것은
달빛이 스며든 샘물

문득 떠오르는 것은 단풍 향내
새벽 바람을 맞는 자는
평안함을 잊어버린 지 오래
서걱거리는 모래가 밟힌다
먼 곳을 달려온 거친 바람이라는 것을
발은 안다

11월의 방

가을 햇볕에 담벼락을 서성이다
11월의 방문을 열었다
밀려드는 한기에 굳은 얼굴
방 안에는
좀처럼 진정하려 들지 않는 파도가
사납게 벽에 부딪친다
분명한 것은 건너갈 수 없다는 사실
먼 곳을 돌아가야만 하는

낯선 도시를 헤맨 적이 있었다
잘못 접어든 길을 과감하게 단념할 수도 없는
아버지의 나이를 앞지른 지금
조그마한 도시에서
낯익은 대문, 불빛 환한 상점을 찾는다
길을 걷다가 돌아서 보면
거리는 회색으로 넘쳐나면서도
따스한 얼굴을 하고 있다

막다른 길에
불빛이 보이지 않는 집이 있다
마당에 풀이 무성하다
담벼락의 이끼도 고요하다
옛집에서 흘러나오는 소리를 가만히 듣는다
그것은 옛 노래이며
진정하려 들지 않는 파도이며
밤이 새도록 귀 기울이는
아버지의 소리이다

12월의 정원

겨울이 울고 있는 것일까
은행나무는 등을 보이고
벚나무는 싸늘한 눈길
마치 마음 변한 사람의 눈길처럼
의자에 앉으라고 말하지도 않는다

나무속에 숨겨진 계단을 내려가
짐짓 복도를 거닐어본다
정원의 고달픈 숨결이 천장에 떠돌고
더 무섭게 팔을 뻗는 잡목림의 얼굴
그늘을 짙게 만든다
모든 가엾은 목숨에 지친 것일까

복도의 끝에서 마주한 고요한 통나무집
창문으로 새어나오는 은은한 불빛
목숨의 불이 홀로 빛을 밝히고 있다
낮게 드리워진 하늘 허술한 담장
그리하여 나는

잠자는 나무를 깨우고
깨진 창문에 종이를 바르고
문틈을 헌 옷으로 막으며
온몸을 다해 북풍을 막아보는 것이다

사마르칸트의 달을 걷다

한여름
환한 달이 사원을 거닐고 있다
둥근 지붕 위로 아득한 어둠을
사다리를 타고 올라가는 발이 위태롭다
벽에 새겨진 풀들이 꿈틀거린다
누군가의 울음소리
사정없이 벽을 내리친다
까닭 없이 분주하게 몰려오는 날들
읽어낼 수 없는 신호, 신호들
달의 숨소리가 귓가에 고동치고
움직이는 풀과 함께
사원은 하나의 거대한 무덤이 된다
밤새도록 부호의 끝을 잡고
몰려오는 날들의 실마리를 찾는다

제2부

저녁이 되자

저녁이 되자 사무실을 나선다
참나무 단풍나무 철쭉이 엉켜 있는 길이 불러대는
특별한 날이었음에도 불구하고
우울한 사무실 의자에 버티고 앉아
자판을 두들겨대는 이유를 알 수 없음에도 불구하고
두들겨대다가 가끔은 죽기도 한다
고로쇠나무가 소리를 쳐서 문을 열면
새로운 슬픔이 왈칵 뛰어든다
콘크리트 바닥에 떨어진 지우개가 눈짓을 하고
말들은 차고 넘치고
귀를 잘라내어
제발 연못 속에 던지지 않기를 빌면서
기나긴 복도 끝에 햇살 밝은 해변이 펼쳐지고
산들산들 바닷바람에 머리가 날린다
저녁이 되자
사무실을 나설 수 있는 것이다

이른 저녁의 첫 번째 잔은

그제서야
책상 한 귀퉁이에 남아 있던 햇빛이 넘실거리며
계단이 삐걱대는 소리와 함께
살그머니 복도를 빠져나가는 것이다
저녁 영업을 시작하려고
이제 막 술집의 문을 연 여자의 얼굴에
반짝거리는 불빛도 기대감에 가득 차 있다
이른 저녁에
그날의 첫 번째 잔을 마시며
병 속에서 조금씩 흘러나오는 기억을
손가락 끝으로 헤집어보면
때로는 흐느낌이 되기도 하고
때로는 단정한 매무새가 되기도 하고
갑자기 사납게 달려들기도 하는 것이다
여자의 등 뒤에 가지런히 놓여 있는 병들이
선반 위에서 흔들리고
기억들은 바닥에 천천히 떨어져 뒹굴고
그리고는 조용해진다

이른 저녁의 첫 번째 잔은
은행나무와 단풍나무에서 몰려오는 잔물결 속에
함께 얽혀드는 것이다

어디선가 계단이 삐걱대는 소리

여름날 사무실의 오후

사무실 벽의 얼룩이 서걱거린다
누군가의 추억인지
몇 개의 잎으로 떨어져
햇빛 속에 흩날린다
아득한 날들이
먼지 속에 묻힌 채 잠자고 있는데
햇빛에 이끌려
마른 잎이
나풀나풀 일어난다
푸른 잎이었던 날들을 기억하고
조용한 오후를 가로지른다
서류더미를 헤치고 창문을 연다
산들바람에 잎들은 스스럼없이
어두운 사무실 안에서 춤을 춘다
징징 울어대는 복사기의 감정은
바닥에 떨어져 구석에서 으르렁댄다
으르렁거림은 이제 파도처럼 밀려온다
책상을 비추는 햇빛 뒤편에

어둠이 커다란 머플러로 펼쳐져 있다
눈을 감으면
바람도 움직임을 멈추고
돌아오는 길을 알 수 없는
지하실로 떨어지는 것이다
의자의 스프링이 삐걱거린다
오래 묵은 먼지의 냄새가
사무실 천장에서 흘러나온다

위험한 지경

고로쇠나무가 검게 변하고
단풍나무도 빛을 잃어
계단에서 굴러떨어지고
책상에서는 손발이 묶인다
양동이와 엉겨 붙어
복도까지 뒹굴다가
공구 창고에서 안경까지 떨어뜨리고
어둠 속으로 떨어질
위험한 지경에 이르러
하늘을 보니

눈이 내리고 있다

별빛을 향해

나뭇잎에 지난밤의 별빛이 묻어 있다
새벽의 발걸음은 더욱 가벼워지고
거리는 텅 빈 무대가 되어
별빛이 주인공처럼 빛난다
밤의 저편으로 물러난 달빛은
담장에서 떨어져 구석에 뒹굴고
빵 냄새가 고소한 누군가의 부엌을 지나
어둠의 두께를 힘차게 밟으면
시간은 말도 없이 자취를 감춘다

느티나무 사이로 바람이 분다
잎들을 흔들어댄다
평온한 삶을 약속하는 것일까
누군가의 불평으로 얼룩진 계단을 지나
어두운 사무실 문을 열고 들어가
창문을 연다

별빛을 향해

접시꽃이 흔들린다

이른 아침
사무실 창문을 연다
바람에 접시꽃이 흔들리자
부드러운 파도가 슬쩍 밀려온다
복도를 서성거리던
아침의 차가운 기운에
파도 소리와 함께
물고기 한 마리 떠오른다
눈부신 햇빛 속에
살짝 지느러미를 흔든다
조용한 이른 아침
밀려드는 파도를 따라
복도를 걷는다
첨벙거리는 물결에 신발이 잠기고
일렁이는 물무늬에
어른거리는 얼굴들이 있다
웃는 것도 우는 것도 아닌 얼굴 얼굴들
누군가 아침을 걸어오며

살구 하나를 손에 쥐어준다

창밖에 접시꽃이 흔들린다

겨울비

그 순간
이미 길을 잃었다

숲길로 들어갈수록
손가락은 시리고
나뭇가지가 허리를 찔렀다
냉기는 온몸을 휘돌고
발은 굳어서 조각이 되고
생각들도 튀어나와 그대로
은행나무에 주렁주렁 매달렸다

쌓여 있는 서류더미에
가벼운 이야기는커녕
사무실 창문 밖은 비가 내리고
컵 속에 뿌리내린 쑥갓은
마치 달빛 속에 있는 듯
매달린 생각들을 펼쳐 보이니
은행나무도 쑥갓도 지루해 한다

다시 질문을 한다
뒤늦게 자라고 있는 상추

뜻밖에 기지개를 켠다

새들이 날아올랐다

새들이 소리를 지르며
날아올랐다
느티나무 가지도
가로등조차 흔들렸다
사무실 의자에 앉아 있어도
북풍이 얼굴을 때렸다
가로등 기둥을 꼭 붙잡고
의자에 앉아서
입안으로 몰려드는 찬 기운에
내동댕이쳐진 돌멩이가 되어 굴렀다

흐린 오후
새들을 쫓아버리는 바람의 발길질

진눈깨비 소용돌이치며
사무실 바닥을 넘실거렸다

3월

3월이 방문을 왈칵 열어서
달음박질하던 망설임이 간판에 넘어져
서성거리다
간판 뒤에 숨겨진 잘려진 머리를 보고
강둑길을 조심조심 걷고 있었지

벼랑에 뛰어내리기도 억울한 마음이
폭우처럼 쏟아질 서글픔이
햇빛 가득한 마을에
가벼운 숨결이 되어서
하늘하늘 날아올라서

전신주를 부여잡고
가벼운 몸이 되어서
나풀나풀 날아올라서

사무실 창문

분명
은행나무가 울부짖었다
긴 복도를 타고 첨벙거렸다
창문을 쾅쾅 흔들기도 하면서

기차가 덜컹덜컹 밀려왔다
눈밭을 달리던 기차가
북극에 도착하기 전에
객실의 노란 등불이
나를 먼저 찾아내고
눈더미를 날렸다

철로에 수북이 쌓인 눈을
호호 불었다
사무실 양편에 눈이 쌓이고
책상 위에 손이 묶인 채
다만 외투 자락을 여미었다
객차 지붕에 주렁주렁 매달린 고드름이

반짝이면서
내 손가락을 잘라버렸다

은행나무가 울부짖었다
창문을 흔들어대면서

2월

자귀나무 가지 끝에 펄럭이는 바람
사정없이 휘몰아쳐 허공을 뒤집는다
놀이터의 의자도 뒤집혀지고
남은 술은 이제 다 비워졌다
요양병원을 나서는 발걸음은
어둑하고 끈적거린다
세찬 바람이 나무속 내장을 헤집어
공원 잔디에 늘어놓는다
나무껍질에 하나하나 붙여진 이름들이
어둠을 향해 내던져졌다
잊고 있었던 물건들과 함께

자귀나무 가지 끝에 밤새도록 펄럭이던 바람
던져진 물건들은 바람 끝에 실려 가고
혼란스러운 발걸음은
정오가 넘도록 서성거린다
차가운 공기를 한 모금 벌컥 마시고
허공을 달려가서

침과 함께 심장을 토해버렸다

2월은

날카로운 손톱으로 어깨를 파고들고

봄과 비

뭘까
밤새도록 숲을 뒤흔들고 있는 것은

나무들은 잠을 이루지 못하고
꽃잎도 결국 참지 못하고
그리움이 되고 근심이 된다
한 움큼 털실처럼 뭉쳐져서
온 산을 휘돈다
새 둥지까지 흔들고

숲속으로 들어가
날아오르는 잎들을 붙잡아야 했을까
떨어진 꽃잎은 어디로 갈까
한 움큼 껴안고
같이 잠들어야 했을까
벚나무에 얼굴을 비벼대며
솟구쳐 오르는 슬픔을 타고
밤을 날아야 했을까

창문을 열고
새로운 아침이
잠이 든 베개를 던져버린다

MOGWAI의 연주

MOGWAI의 연주를 듣던 밤은
귀 기울이지 않아도
깊은 음향에 몸을 물들게 했다
밤이 가까이 오자
어둠이 말하였다

소리여, 넘쳐나
지평선 밖으로 날아가라
연기처럼 가볍게 흩어져라

빛으로 세워진 탑에
색은 제 모습을 잃어버리고
끝없는 우주로 달려 나갔다

나는 움츠렸던 가슴을 펴고
어둠에 젖어들었다

하늘 높이 나뭇가지 끝에

달그림자 어린 열매들

겨울새들은 어깨를 서로 감싸고
고요는
굉음을 밟고 서서 묵념하였다

여름비

바다가 떠밀려왔다
흰 물결 속에 별, 별이 있다
몇 채의 지붕들이 성을 이루고
거대해진 성은
말문도 닫아버린다
어깨에 솟은 지느러미로
달리고 또 달린다
바다 속을 달려보아야 아무도 없다
깊은 물결 사이로 암초들이
길을 막는다

바다가 떠밀려왔다
설레는 물결을 타고
한숨이 달리고 또 달린다
나지막한 집이 한 채
여기에 있다
세찬 물결이 거리에 넘쳐나고
우리는 기슭에 닿지 못할지라도

여기에 별, 별이 있다
해묵은 꿈이 흘러내리는 성을 따라
굳게 발을 내딛는다

풍차

유리창으로 슬며시 비치는 얼굴
무심한 눈빛으로
묵은 먼지를 일으킨다

그 눈빛에 마음이 베여

한동안
나는 아팠다

제3부

금요일 오후 세 시에서 다섯 시 사이

햇볕은 긴 그림자를 남기다가
설핏 신발 위에 부서진다
목련은 머리칼을 슬쩍 흔들고는
도망칠 곳은 없다고 말한다
먼지 낀 유리창에 비치는 구름
흔적 없이 사라진다
매순간 물결치며
끊임없이 책상에 부딪친다
물결에 밀려온 조개껍질
속에서 아무 일도 일어나지 않는다
시작되는 일도 없다
분명 무언가 이곳에 있었는데
이제 목련의 시간은 없다

가을날 문득

문득 들판에 갔다
들국화에 널려 있는
시간의 찌꺼기들
숨이 막힌다
구절초에도 잘 숨겨져 있는
슬픔을 찾아낸다
돌멩이가 되어 굴러다니는
지난날의 한숨들
발부리에 걸리는 힘이 세다

들판에 돌멩이들이 넘쳐난다
돌멩이는 꼼짝없이 발목을 잡는다
돌무덤을 이룬다

결국 우리를 짓누를 것이다
감추어져 있는 힘으로

구절초에 숨겨져 있는 슬픔

아득한 별의 향기를 떠올리게 한다
가을이 우리를 잊을 리가 없다

바람과 국화의 틈새로
가을 속으로 길을 들어서는 순간

바닥을 알 수 없는 공허에
털썩 떨어져 내린다

슬픔을 들고 집으로 왔다

슬픔이 몰려왔다
사정없이 몰려왔다
왈칵 달려들어
감자자루에 담아 묶어서
베란다에 두었다

따가운 햇볕에
잘 마른 자루
포도주처럼 향내가 나고
바람에 창문을 넘나들었다

햇빛 부서지는 날
구절초 핀 들판에서
자루를 열고
한 잔 마셨다

온 천지에
향내가 바람을 타고

난 빈 자루를 메고
집으로 돌아왔다

가을 햇빛을 따라가다

햇빛

담벼락에 기대어
게으름을 피우고 있는
햇빛 줄기를 따라간다
그 안에 아련함과 함께 짜여진
눈부신 또는 어두운 침엽수림

살아간다는 것의 막막함이
족쇄가 되어
뿌리칠 수 없는 저주로
우리를 힘들게 했던 모든 것
그 가운데에 침엽수림이 있다

가지마다 창으로 뻗어나
집을 부수고
창문을 깨트리고
우리는 목을 늘어뜨린 채

괴로운 가을

아무리 소리쳐도
메아리는 없고
몸 안에 맺힌 고드름이
가슴을 찌른다
몸은 햇빛 속에서
마른 껍질로 변한다

가을 담벼락에 기댄
햇빛 줄기를 따라가
풀숲을 지나
먼 지평선에 도달한다면

산수유 때문에

황사 바람 때문에
사막을 건너온 나귀 등의 모래 때문에
운동화 끈도 제대로 매지 못한 채
버드나무에 물이 오르고
선연한 연둣빛에 목이 메어서
산길을 오르려다 말고
돌계단에서 멈칫거리는데
산수유 노란 꽃잎이 가슴을 찌르고
방울방울 떨어지는 그림자
능선을 넘으며
종일토록 술렁거린다

문득

불길한 징조였을까
처마 끝에 내려앉은 구름에
들어본 적 없는 갑작스런 돌풍에
목련이 황홀함을 다 떨어뜨리고
잎새에 숨어 있는 기억들이
손을 내밀 때
연못의 바위틈에 숨어 있는 기억을
물고기가 살랑거리며
일으켜 세울 때
문득
바다의 소리를 들었다
편지가 가득 차 있는 소리
저 멀리 섬들의 열망을 품은
두툼한 회색의 편지를
꽃잎 아래
살며시 넣어 두었다

도서관의 오후

발을 들여놓는 순간
내려앉은 공기 속에
고요함은 발부리에 걸려
창을 넘어가고
깨진 유리창의 매서운 눈매 사이로
고로쇠 단풍나무가 보내는 눈짓
몰아치는 바람이 담장 너머
지붕을 흔들고 간다

남부 지방에는
마지막 겨울비가 내린다는 소식
비스듬히 짙어지는 그늘
바람에 실려 온 비의 고달픔이
단풍나무 길을 따라 골목 여기저기
웅덩이를 만들고
물고기는 게으른 잠에서 깨어나리라

이른 봄날

몇 날의 햇살이 천장에 무늬를 그리고
창문이 덜컹거리는 소리
마음이 부서지는 소리
끝없이 이어지는 소리에 귀를 기울이는
도서관의 오후

낯선 저녁

사무실 안에 비가 내린다
단풍나무가 몸을 흔들고
바람까지 윙윙 소리를 낸다
책상 위에 빗물이 흘러넘친다
연필꽂이에 고인 물은
고통을 더 이상 담을 수 없다
소리를 지른다

의자에 내리는 비를 보며
물가를 산책한다
벽에 어른거리는 그림자 그림자들
손바닥에 놓인 다른 날들
서랍 속에 넣고
열쇠는 멀리 던져버린다

비는 창턱까지 넘실거리는데
저녁이 온다
낯선 저녁을 담담하게 받아들일 뿐

자작나무 옆구리에 숨어 있던
고요를 떠올린다
그루터기에 감도는 차가운 기운
사무실 바닥에 책이 누워 있다
의자도 부서지고

슬픔은 어디로 흘러갈까

터진 봇물은
가슴속에 흘러넘쳐
밑바닥을 굽이치고
파도를 철썩여 핏줄마저 넘쳤을 때
슬픔은 어디로 흘러갈까

집도 강물로 넘치고
온 거리를 휩쓸고
산을 넘어
바다로 흘러들어 가도
남아 있는 슬픔

다시 강물이 흐른다
바다에서
산으로
거리로 집으로
가슴 밑바닥을 철썩이는
짙푸른 강물

물결 소리에 귀 기울이다
강물에 몸을 던진다

케르만샤에서의 질문

한낮의 사원
기도하는 사내의 웅얼거림 속에
빛나는 햇빛
그의 등줄기를 흘러내리는 강물
그 물결을 따라
가슴 졸이는 노래를 듣는다
낯익은 길들과 거리는
싸늘한 기운이 감돌고
돌아다보면
늘 풀이 무성하다
길이 없다

구름의 그림자에
가볍게 바람이 일고
실편백나무 아래 샘물이 흐르는데
떠나가는 길에는
늘 길이 없다

물결 속을 걷는다
햇빛을 머리에 이고
그림자가 마음속에 차오르는데
걷고 또 걷는다

샘물은 그대로 지난날을 흐르는데
고요한 그늘에 폭풍이 일고
방향 없이 물이 흘러간다
거리도 길도 지워진다
다만 남은 것은
그의 등줄기에서 흘러내리는 강물
위를 떠도는 조각 조각

이름이 있었던가

라쉬트의 달을 쫓다

밤늦은 시간
가로수들이 아직도 잠들지 않았다
달빛이 넘쳐나는 거리
겹쳐진 나무의 그림자가 함께 달빛 속을 걷는다
잠들지 않고 두런거리는 곤궁함
발부리에 걸리는 어둠

사람에게 이르는 길이 있을까
속삭임과 웃음이 어떻게 일어나는지
그림자의 꿈을 들여다볼 수 있는 창문은

달빛에게 인사한다
어둠의 살아있는 두 팔을 어루만지며
겹겹이 감추어진 길을 찾을 수 있을까
밤늦은 시간
하얗게 넘쳐나는 광경 속으로 들어가는
문이 어디 있을까

봄에는 어둠

창문이 덜커덩거린다
흔들어대는 바람마다
목련 그늘을 밀어낸다
흘러내리는 향기
낮게 드리워진 구름과
담장 낮은 지붕 위로
함께 흐른다
담벼락에 매달려
물결을 흘려보내고
이름도 기억나지 않는 음식점에서
지나간 시간을 차갑게
한 접시 내놓는다
곰국이라도 끓였으면 좋으련만
수저를 내려놓으며
창문을 보니

봄에는 어둠

봄의 빗방울

문이 덜컹거린다
그냥 앉아 있을 수가 없다
나무들이 먼저 말을 건다
사실 모든 것은 조용하게 있다
아무도 소리 지르지 않는다
물고기 떼가 웅얼거리는 소리는
물무늬를 만들 뿐
가볍게 흩날리는 빗줄기 속에
나무는 연둣빛 비명을 질러댄다
아무도 건물 밖으로 뛰어나오지 않는다
비가 만들어내는 리듬 속 어디에선가
벌판을 달려가는 바람 소리가 들린다
누구의 전령일까
이제 꽃잎은 다 떨어지고
껍질 붉은 나무
회색나무
아직 새벽이 묻어나는 나무들이
슬픔을 처음 느꼈을 때부터

편편한 기슭에 뿌리를 내리기까지
봄의 빗방울이
새로운 날들을 위한
끝없는 호수를 만들고 있다

꿈

꿈을 만지니
연기처럼 사라진다
꿈을 뒤쫓으니
손에서 기억이 흘러내린다
정거장이 되어
가는 곳마다 기다리고 있다
꿈은 서두르지 않고
나는 혼자 달려간다
견디어내면
어디든지 길은 만들어지리라

제4부

혼자 소리를 지른다

해가 저물었다
어느새
저녁 어스름에 홀로 서 있다
어디선가 물소리가 들린다

보낼 수 없었던 꿈들이
자취를 감추었다

혼자 소리를 지른다

분명 바람 속에 머리를 날리고 있는데
어느 날 문득 모두 사라져버린다

어둠이 산을 삼키고 있다

나뭇잎 속을 걷다

그늘에 숨어 있는 나뭇잎 속을 걷다
나뭇잎 속삭이는 얼굴에
햇빛이 묻어 있다
마른 가지가 겹쳐 그림자를 드리우는
잎 속의 어두운 길

다시 길을 걷다
꿈을 잘게 부수는 나뭇잎 속을 걷다
길은 끝이 없고
문득 반짝이는 은빛 비늘을 쫓아간다

움켜쥔 손에서 퍼덕이는 꼬리
우듬지에 햇빛 도란거리는
맑은 하늘이 있는 것조차
잠시 잊고 걷다

집 1

집이 주저앉았다
말없이 집을 밟고 지나갔다
무한히 뻗은 어둠에 기대어
각자 삶에 대한 이야기를
묵묵히 가슴에 담았다
지난 시절의 상처
집 밖에 한 그루 나무로 자라나
어스름에 바람을 후려쳤다
세찬 소리로
그 나무의 창
밤이 되어 헤아릴 때

집 2

집이 있었다
지금은 텅 비어 있다
그냥 비어 있다

집 안을 흐르는 강물을 따라가면
강물에 둥둥 떠다니는
많은 기억들이 있다

흘러가지도 않고
가라앉지도 않으면서
물속으로 끌고 다니는 세찬 힘
잡으려 들면 오히려 휘청거린다

집 안에 가을을 들여놓은 날은
되살아난 발걸음들로 어수선하다
가을은 적의로 가득 차 있다
뒷걸음치는 내 발걸음

하지만 그것은 반격의 뒷걸음일 뿐
무엇도 위로가 될 수 없는
기억 위에 새로운 기억이 일어나고

집 3

가을에 미련은 없다
우리를 짓누르는
우리를 좀먹고 있는
그 가운데 가을이 있다

우리를 위로하는 침엽수 숲으로
우리를 내던지는
손조차 없다
밤송이가 물끄러미 바라본다
그 눈길을 반갑게 쳐다보면
목을 축 늘어뜨리는 여름의 어깨 너머로
비스듬한 집이 보인다
집이 숨을 쉬고 있기도 하고
불빛이 보이기도 한다

으르렁거리는 문고리를 꽉 잡는다

가을에 미련 따위는 없다

집 4

빗방울이 몸서리치며 세차게 흘러갈 때
슬픔이 머리를 뚫고 나와
앞질러 거리를 달려가면

가을의 해묵은 앙금을 비워내고 싶을 때
동인천 한복판에서 길을 잃고
타로카드가 숨 가쁘게 발길을 재촉할 때
차가운 빗방울이 나무껍질에 스며들고
물방울이 다시 잎에서 떨어져
몸속을 흐르게 될 때

빈집의 어둠에 휩쓸려

카니발 콥스의 음악을 만나야 한다

집 5

가을에 꼼짝없이 묶였다
텅 빈 요일을 헤엄쳐 가니
물 흐르는 소리 옛집을 떠올리고
바닥을 볼 수 없는 물은
출렁이며 강 밑을 휩쓸고 갈 것이다
어디론가

옛집이 그립다
가을과 함께 식탁에 앉아
옛날을 초대한다
말라가는 들국화에 흘러넘치는 적막
옷장과 책장 사이사이에
숨겨져 있는 그 무언가

새벽 세 시
지나간 날과 오늘 사이의 문을 열고
슬며시 가을의 틈새로 들어간다
어둠 속으로 사라지는 별들을

살짝 움켜쥔다

결국
강바닥을 가득 채울 나의 보물인 것을

집 6

나뭇가지에서 툭
눈이 떨어지는 소리
한껏 펼쳐진 눈의 집

불현듯 동네가 사라진다
간빙기의 빙하에서 흘러내리는 물
아득한 시간을 건너온 물결에
산도 슬그머니 모습을 감춘다

나는 먼 조상을 향해 외친다
뜻도 모를 소리를

나무들이 빙하를 따라 흘러간다
빙하가 나무를 따른다
눈밭을 걸어오는 공허
아무런 말도 하지 않지만
우리는 심연 속에 헐벗고 있다

아련히 눈이 날리는 소리
나뭇가지가 흔들리는 소리
눈밭에 멈춰 서서
소리의 물결에 휩쓸려
알 수 없는 헤엄을 친다

집 7

갑자기 쏟아진 비가
집에 울타리를 만들었다

비의 울타리에 갇힌 나는
꼼짝도 할 수 없다

더 이상 시작할 수도 없고
더 이상 끝낼 수도 없고
묶여 있는 것이
당연한 일과가 되어
아무 일도 일어나지 않는다

비는 더 세차게 쏟아져
하얀 울타리 너머
밖이 보이지 않는다

어느 날
선반을 찬찬히 살펴보고

헌 잡지 속의 바다를 모조리 오려내어
사방에 흩어버린다

집 8

하루 종일 비가 내렸다
내내 숲만 바라보았다
나무들은 날아가지 않았다
바람의 몸부림에 같이 흔들릴 뿐
바람의 외침에 같이 외칠 뿐
하루 종일 바람은 멈추질 않았다
비조차 숲을 잠재우지 못했다
바람이 내지르는 소리에
숲의 문이 열리는지 바라보곤 하였다
빗줄기에 갇힌 숲은 의문투성이였다
풀숲에 날개를 숨긴 새들도 비명을 멈추지 않았다

잠 속에서 분명 열쇠를 들고 있었다
숲의 문을 열고 잠그지 않았다
차곡차곡 쌓여 있는 오래된 상처들이 보였다
핏줄로 잘 짜여진 생물체로 변신한 기억들

하루 종일 비가 내렸다

내내 숲을 바라보았다
비와 숲이 어우러져 만들어낸 의문들

숲이 없으면 무엇이 남아 있을지
끝내 알아낼 수 없었다

집 9

길을 떠나게 하는
흐린 저녁
진흙탕에 발이 빠지고
만만치 않은 상대를 두려워하고
비상구는 어디에도 없을 때

불꽃에 꿈을 던져버리고
바람에 기억을 털어버리는
길을 떠나게 하는
어떤 저녁

날이 저문 뒤에도
둥지를 찾지 못하는 새가 되어
적당한 잠자리를 마련하지 못하고
젖은 풀숲에 몸을 던질 때

늘 겹겹이 쌓여 있는
날카로운 외침들

길을 떠나게 하는
바람 부는 저녁

집 10

비는 살아있다

몸에 스며들어 심장까지 물이 넘친다
잠 속에도 스며들어 침대에 물이 넘치고
방 안은 물이 출렁거려 베개를 끌어안고
둥둥 떠다닌다

알록달록 무늬를 그리는 빛에
문이 드러난다
지난날의 아름다움이
고스란히 숨어 있음을 안다

비는 여전히 살아서
집을 삼켜버린다
새벽녘에야 비의 발꿈치에서
비로소 깨어난다

My Bloody Valentine*

일요일 저녁
발목이 푹푹 빠지는 눈을 맞으며
공연장을 찾는 마음은 바쁘기만 하다

연주가 시작되는 순간
고통도 슬픔도 기쁨도
공을 차듯 발길질하며
힘껏 허공으로 날려버린다

어디에 와 있는 것일까
어디까지 가 있는 것일까

길은 영원히 끝나지 않을 듯

온몸의 감각들이 모두 살아나
두려움 없이
지구 끝까지 달려간다

---

*아일랜드 밴드.

자귀나무 숲의 공터

저녁의 끝에 내리는 눈
불을 밝히지 않는다
대문 앞에 앉아 기다리던 날들
눈송이가 전하는 소식은
이내 녹아버린다
자귀나무 숲의 공터
어두워진 산기슭
기억의 어두운 저편
부러진 나뭇가지에
슬쩍 그림자가 스친다
누구인가 눈으로 쫓으니
눈송이 후두둑 떨어져내린다

해설

물의 상상력과 은자적 공간의식

최광임 시인·두원공대 겸임교수

인간의 의식체계는 다양하며 그것은 불가능을 초월한다. 그러한 인간이 가지고 있는 의식체계 중 단연코 우월하다고 할 수 있는 것은 상상력이다. 상상력은 물질을 통한 이미지에 의존하는 현상이라 할 수 있는데 상상을 통해서 현실을 이루는 것이다. 상상은 과거의 경험을 그대로 재현해내는 기억의 재생도 아니며 추상적 개념을 구사하는 사고의 영역만도 아니다. 망상, 환각 또한 있지 않은 것을 현실로 생각해낸다는 데서 상상과는 구별된다.

이러한 상상력은 새로움 앞에서 비약을 찾는, 즉 회화적인 힘을 발휘한다. 그러므로 상상력은 묘사하지 않으면 안 되는 힘을 갖고 있다. 물질적이라 할 수 있다. 눈에 비친 새로움 앞에서 인간은 존재의 근원에 파고들어가 원초적인 것과 영원적인 것을 동시에 찾아내려는 의식 때문이다.

안혜경의 시집 『비는 살아있다』는 상상력의 집합체라 할 수 있다. 집이라는 장소적 공간과 계절로 통칭되는 시간적 공간을 통한 존재 탐색의 여정을 담고 있다. 집, 정원, 방, 창문 등을 통해 공간적 닫힘과 멈춤 의식을 관조하거나 물, 비, 파도, 바람 등을 통해 유동적 상상력의 총체를 드러낸다. 또한 장소적 공간을 통해서는 상승의식이 발현되며 시간적 공간 속에서는 끝없는 하강의식이 발현된다. 이때 시공간 의식을 관통하는 대표적 정조는 슬픔이며 상상적 물질은 물로 표상된다. 요약해 슬픔의 구도 방식과 은자적 공간의식을 지니고 있다 하겠다.

장소적 공간을 통한 상승의식

공간(space)의 넓은 의미 중 하나는 원초적 지각의 공간이다. 어머니의 자궁 속 양수에 감싸여 있는 태아가 안온함과 평화로움을 느끼는 공간을 말한다. 의식 이전이라 할 수 있다. 같은 값으로 의식 밖의 공간에서는 기본적으로 집을 지각의 공간(place)으로 삼는다. 집은 '우리의 최초의 세계'이다 그러므로 집은 최초로 어린 나를 보호하는 공간이며, 내가 무서운 세계로부터 피신할 수 있는 유일한 공간이다. 집에서는 어떤 몽상이든 자유로우며 어떤 꿈이든 평화롭다. 바로 서랍, 상자, 장롱, 조개껍질, 구석 등의 응집된 존재로 상상되며 의지와 용기를 가지고 언제든 집 밖의 세상으로 나갈 수 있는 지붕 같은 수직적 존재로 상상되는 곳이다.

날들은 가로수를 따라 길게 뻗어 있다
나무들 위로 가득 차 있는 것들
갑자기 칼을 휘두르거나
또는 의미도 없이 분주하기만 하다
비명을 질러대는 위협적인 신호들
그 신호들로부터 도망가고 싶다
아님 기억상실에라도 걸려
파란 하늘 위로 두둥실 날아가고 싶다
날들은 천천히 그 자체로 집을 이루는데
너나 할 것 없이
그 집 속에서 모두 떨고 있다

—「일요일 오전」 전문

집이란 공간은 기본적으로 심리적 통합의 원리를 가지는 곳이다. 집이 '우리의 최초의 세계'인 것은 누구에게나 동일하게 적용되는 것이며 대체적으로 안전함, 안온함의 상징인 것이기는 하지만 모든 사람에게 그렇게 작용하는 것은 아니다. 어떤 이에게 집은 결핍의 공간이며 폭력의 공간이고 분노의 공간이 될 수도 있다는 것이다. 그럼에도 우리가 집이라는 의식으로부터 자유롭지 못하고 평생 그리움의 정처이거나 안식처로 삼는 것은 집이라는 공간적 대상이 지닌 의미라기보다 그 대상에 대한 유년의 인식 때문이다. 유년의식은 선과 선하지 않은 것에 대한 무지의 상태, 즉 유치하므로 순순한 상태에서 조우하고 경험하는 세계인 데다 모든 것이 불가항력의 세계인 탓이다. 그러므로 모두에게 집은 의식 이전의 내밀함과 최초의 세계가 중첩된 실존과 쉼, 치유의 공간이거나 그리움의 공간으로 작용하게 된다.

안혜경에게 집은 안온함과 평화로움, 쉼의 공간이라기보다 대체로 갈등의 공간이며 끊임없이 벗어나고픈 공간이다. "칼을 휘두르거나" "의미도 없이 분주하기만" 하거나 "위협적인 신호들"의 날이 쌓인 곳이 바로 '집'이다. "집 속에서 모두 떨고" 있으므로 "도망가고 싶"은 곳이며 "기억상실에라도 걸려" "파란 하늘 위로 두둥실 날아가고 싶"은 곳이다. 상승의식이란 긍정의 힘에서 발현되는 것이라야 하지만 안혜경에게는 탈주의식으로부터 발현되는 상승의식이라 할 수 있겠다. 시인의 집에 대한 의식은 갈등의 공간이긴 하나 떠날 수는 없는 공간이다. 현실을 박차고 나가 자신만의 꿈 혹은 다른 세계를 소망하는 힘은 강렬하지 않다는 말이기도 하다. 즉, 노마드적 이기보다 은자적 의식이 강하다고 할 수 있다.

저녁이 되자 사무실을 나선다
참나무 단풍나무 철쭉이 엉켜 있는 길이 불러대는
특별한 날이었음에도 불구하고
우울한 사무실 의자에 버티고 앉아
자판을 두들겨대는 이유를 알 수 없음에도 불구하고
두들겨대다가 가끔은 죽기도 한다

고로쇠나무가 소리를 쳐서 문을 열면
새로운 슬픔이 왈칵 뛰어든다
콘크리트 바닥에 떨어진 지우개가 눈짓을 하고
말들은 차고 넘치고
귀를 잘라내어
제발 연못 속에 던지지 않기를 빌면서
기나긴 복도 끝에 햇살 밝은 해변이 펼쳐지고
산들산들 바닷바람에 머리가 날린다
저녁이 되자
사무실을 나설 수 있는 것이다

—「저녁이 되자」 전문

안혜경에 있어 상승의식이란 '살아야겠다는 의지' 정도라 할 수 있다. 집으로 표상되는 공간에 대한 기억이나 경험은 과거나 현재에도 비와 파도와 슬픔이 주류를 이루고 있으며 부단히 갈등하는 공간이다. 그럼에도 시인은 그 공간을 박차고 나가 지금과는 전혀 다른 어떤 세계를 찾아 나서지는 않는다. '창'이나 '문'을 경계로 안쪽에서 바깥을 바깥에서 안쪽을 관조하는 데 익숙하다. 더욱이 그 관조력은 집의 내부에서 더욱 견고해져 은자적 의식마저 띈다. "참나무 단풍나무 철쭉이 엉켜 있는 길이 불러대는/특별한 날이었음에도 불구하고" "고로쇠나무가 소리를 쳐서 문을 열면" 화자는 새롭게 펼쳐질 세상과 조우할 생각에 긴장하거나 아니면 환희나 설렘에 빠져야 함에도 불구하고 "새로운 슬픔이 왈칵 뛰어든다". 가뜩이나 "우울한 사무실 의자에 버티고 앉아" 왈칵 뛰어든 슬픔과 대면한 후에야 "사무실을 나설 수 있는 것이다". 이러한 의식은 "잠자는 나무를 깨우고/깨진 창문에 종이를 바르고/문틈을 헌 옷으로 막으며/온몸을 다해 북풍을 막아보는 것"(「12월의 정원」)이기도 하다.

여기서 집의 이미지는 두 가지로 분화되어 '수직적인 존재로 상상'되거나 '응집된 존재'로 상상된다. 집의 수직적 성격은 지붕이며 의지나 용기를 표방하는 합리성과 내밀함의 상징인 지하실 같은 비합리적 성격의 대립으로 구성된다. 또한 수직적 성격은 나무 등 높은 것과 등가를 이루며 응집된 존재의 내밀함은 지하실, 서랍, 장롱, 의자, 구석 등과 등가를 이룬다.

따라서 "기나긴 복도 끝에 햇살 밝은 해변이 펼쳐지고/산들산들 바닷바람에 머리가 날"리는 상상의 공간으로 들어섬으로써 지나치게 밝거나 지나치게 우울한 심리가 동시에 드러난다. 이는 인간 심연에서 나아간 자연의 집, 원초적이고 우주적인 몽상으로 이끌어 인간존재의 수직성을 드러낸다고 보아도 무방한 것이다. 바로 안혜경의 의식이 이 지점에 와 있는 것으로 보이는 이유이다.

안혜경에게 있어 상승의식이란 "각자 삶에 대한 이야기를/묵묵히 가슴에 담"는 것이며, "지난 시절의 상처/집 밖에 한 그루 나무로 자라나/어스름에 바람을 후려"(「집 1」)치는 것이다. 또 "사다리를 타고 올라가는 발이 위태롭다"(「사마르칸트의 달을 걷다」)거나 "벚나무에 얼굴을 비벼대며/솟구쳐 오르는 슬픔을 타고/밤을 날아야 했을까"(「봄과 비」)라고 하는 익숙지 않는 세계이다. 즉, 생에의 무한 에너지로서의 상승의식이 아니라 상처로부터 발아한 인간존재의 본능적 수직성이라 하겠다.

시간적 공간을 통한 하강의식

시는 상상력과 이미지에 의한 존재와 세계를 새롭게 창조해내는 것이다. 단순히 언어유희나 메타포만은 아니라는 말이다. 이때 상상력은 선체험이나 과거의 경험을 기반으로 작용하기 마련이다. 대상 또는 장소에 대한 인간의 경험이 총체적인 생활 속에서 모든 감각을 통해 이루어지게 될 때 대상과 장소가 구체적인 현실성을 구획하게 된다는 말이다. 즉, 경험은 풍부한 가능성을 품고 있는 시간적 혹은 추상적 공간이다. 그러므로 기억은 당연히 집으로 망라되는 공간과 맞닿게 되며 집 안에서도 더 은밀한 장소로 이어지게 된다. 책상 속 서랍이랄지, 상자랄지, 장롱, 복도 끝, 구석, 지하실 같은 곳에 과거 현재 미래가 응집되어 있는 것이다.

문 앞에 가방이 놓여 있다
지난 일들이 꾹 눌려 담겨 있는
기억의 바닥이 요동을 친다
아직도 겨울 냄새가 묻어나오는
차가운 비

어둠의 밑바닥을 홀로 헤엄쳐 온 듯
덩달아
커피잔에 사납게 몰려오는 미친 파도
바람은 찻잔 속에 휘몰아치고
의자도 흔들린다
창문으로 달려드는 폭풍 위에
험하게 솟구치는 바다를 본다
순간
찻잔을 떨어뜨린다

—「바람은 찻잔 속에 휘몰아치고」 전문

무슨 연유인지는 알 수 없으나 화자는 현재에도 과거로부터 자유롭지 못하다. "지난 일들이 꾹 눌려 담겨 있는" "기억의 바닥이 요동을 친다"라고 말하는 화자에게 기억은 "아직도 겨울 냄새가 묻어나오는/차가운 비"로 재생된다. 이쪽과 저쪽 혹은 문 안과 문 밖으로 분할되는 장소적 공간이 '겨울 냄새'라는 추상적 또는 과거의 시간적 공간과 합체됨으로써 '문 앞'이라는 장소적 공간과 '가방'이라는 대상적 공간으로 구체화되고 이어서 '찻잔 속 의식'이라는 현실로 실현된다.

'가방'으로 대상화된 과거의 시간은 "어둠의 밑바닥을 홀로 헤엄쳐" 오고 "미친 파도"를 만들고 "폭풍"으로 휘몰아치며 현재 화자의 의식을 점령한다. 부정적 기억이며 카오스적이다. 가방에 들어 있는 것은 '차가운 비'였으나 의식의 흐름은 '사납게' '험하게'

분열하며 확장되더니 "솟구치는 바다를" 데려다 놓는다. 마침내 화자는 "찻잔을 떨어뜨"릴 정도로 감정의 격랑 속에 빠지게 된다. 부정을 건너뛰어, 혼돈을 건너뛰어 빠져드는 어떤 세계에 도달한 것이라 할 수 있다.

오후에 9월의 집을 방문한다
어둠으로 불어난 물
마당으로 냇물이 흐른다
새벽 세 시에 몸속을 흐르던 고독이 떠다닌다
어제는 회색 검정에 뒤섞여
그저께도 지붕 위를 걷는 몽유병자처럼

물결에 흔들리는 집
물속에 비치는 누군가의 손
그 손을 잡는다
사나운 물살에 손을 놓쳐버린다
벽에 부딪히는 물결 소리

창문에 남겨진 손길
물속을 흐르는 모호한 9월의 집
무릎까지 차오르는 물을 첨벙거리며
밤새도록 집 안을 돌아다닌다

—「9월의 집」 전문

안혜경에게 있어 '9월의 집'은 물이며 모호한 기억이다. 그 모호한 것은 다름 아닌 "누군가의 손"이나 "사나운 물살에 손을 놓쳐버"려 쉬이 잡히지 않는 손이다. "창문에 남겨진 손길"을 찾아 화자가 "밤새도록 집 안을 돌아다닌" 것으로 보아 다시는 놓치고 싶지 않다. 어쩌면 화자는 그 손을 잡아보기 위해 "오후 9월의 집을 방문한" 것으로 보인다. 그 집에 가면 "어둠으로 불어난 물"이 무릎까지 차오르며 "새벽 세 시에 몸속을 흐르던 고독이 떠다"니게 되며 회색 검정에 뒤섞이게 되거나 몽유병자같이 의식이 온전하지 못한 지경에 이르게 된다. 그럼에도 화자는 자발적으로 방문하는 것이다. 가지 않으면 안 되는 집, 갈 수밖에 없는 집, 그러나 지금은 결코 안온한 휴식과 평화만 있는 집이 아닌 '사나운 물살'이 있는 집이다. 누군가가 떠나고 없는 부재의 집이며, '사나운 물살'이 누군가의 손을 그리워하라고 충동질하는 집이다. '오후'와 '어제' '그저께'에도 갔었던 바로 실존적인 일상의 집이라 할 수 있겠다.

그로 보아 안혜경은 현실에 충실하다. 떠날 수 없음과 떠나지 않음 사이에서 갈등한다기보다, 시인은 직장으로 인한 타의성을 띄든 세계를 바라보는 성격적 성향에 의한 자의이든 현실에서 더 충실하다. 즉, 집 안의 세계와 집 밖의 세계 중 집 안의 세계와 대면했을 때 시인의 사유는 단단하게 분화되며 역동적이기까지 하다. 추상적인 공간에서 우리의 상상력은 활달하며 격정적이게 되는 이치와 같다.

안혜경에게 '집'과 '집 밖 세계'에 대한 인식은 주체가 감당할 수 있는 것들의 부피만큼이다. "고통을 더 이상 담을 수 없"게 되거나 "낯선 저녁을 담담하게 받아들일"(「낯선 저녁」) 만큼 '집'에 존재하는 기억들과의 조우는 담대하게 견지한다. "결국/강바닥을 가득 채울 나의 보물인 것"(「집 5」)으로 인식하고 있으며 "그것은 옛 노래이며/진정하려 들지 않는 파도이며/밤이 새도록 귀 기울이는/아버지의 소리"(「11월의 방」)이기 때문으로 보인다. 반면에 "문 앞에 죽음이 서 있을지 모른다고" 두려워하거나 "두려움 때문에 창문을 열지 못한다"(「현관문을 열 때마다」). 이는 집이라는 공간의 복합체를 통한 '경험'이 대상 또는 장소에 대한 의식을 결정하며 인간의 총체적인 생활 속에서 모든 감각을 통해 이루어지기 때문이다.

물의 상상력과 슬픔의 구도의식

인간의 상상력은 끊임없는 운동으로 자아와 세계가 조응하게 만든다. 상상력의 운동성이다. 시각(회화)적인 것과 근원적인 것, 형체와 실체, 표면과 깊이, 의식된 광경과 숨은 이미지, 꽃잎과 향기, 이렇게 대립되는 이미지쌍 가운데 앞에 있는 것들은 형식적 상상력에 관계하며 뒤에 있는 것들은 물질적 상상력에 관계한다. 그러므로 형식과 물질을 명확히 구분 짓지 않아도 상상력은 그것을 가공하고 반죽하여 가볍게 만든다. 그 역동적인 즐거움이 '운동성'이며 이 운동성은 모든 물질을 새롭게 변형해낸다. 이러한 이미지는 형식, 즉 소멸하기 쉬운 형식, 공허한 이미지, 변화하는 표면에서 멀어짐에 따라, 사람들은 본질과 내면의 깊은 곳에서 꿈을 꾸게 되고 마침내 그 존재의 본질을 바탕으로 은유적인 것들을 만들어낸다. 주체가 무한 세계로 확장되는 것이다.

이중 물, 공기, 흙, 불 4원소가 세계의 물질을 구성하며 그중에서 물은 우리의 상상세계를 근본적으로 지배한다. 따라서 물은 물질의 속성이 운동성에 있듯이 물의 속성 또한 흔들림에 있다. 잔잔한 물결처럼 보인다 해도 끊임없이 운동을 하고 있다. 움직이는 것은 쉽사리 잡히지 않으며 그 어떤 투명한 것도 실체 그대로를 담아내지 않는다. 그림자처럼 어룽질 뿐이어서 형식을 다르게 한다.

이러한 물질의 속성 때문에 인간은 끝없이 나르시시즘에 빠지거나 오필리아 콤플렉스에서 벗어나지 못하는 것인지 모른다. 안혜경의 앞선 시들에서 알 수 있었던 갈등과 두려움, 탈주의식, 그리움 등이 내포한 복합적 의식도 물의 상상력에서 기인한 것으로 볼 수 있다. 따라서 인간이 슬픔에 빠지는 이유이기도 하다.

비는 살아있다

몸에 스며들어 심장까지 물이 넘친다
잠 속에도 스며들어 침대에 물이 넘치고
방 안은 물이 출렁거려 베개를 끌어안고

둥둥 떠다닌다

알록달록 무늬를 그리는 빛에
문이 드러난다
지난날의 아름다움이
고스란히 숨어 있음을 안다

비는 여전히 살아서
집을 삼켜버린다
새벽녘에야 비의 발꿈치에서
비로소 깨어난다

—「집 10」 전문

안혜경의 열 번째 집이다. 역시 물의 집이다. 습기가 없고 건조하며 밝고 쾌적해야 할 집과 물이 출렁거려 베개를 안고 둥둥 떠다녀야 하는 집의 대비가 의미하는 것은 무엇일까. 집 안에만 가득한 비 혹은 물, 그것도 어둠의 물속에 잠겨 있다 새벽녘에야 비로소 깨어나게 하는 물의 정체는 무엇인가.

바로 '잠자는 물'의 원형이라 할 수 있다. 잠자는 물은 어둡다는데 그 특징이 있다. 원초적으로 밝은 모든 물은 어두워지지 않으면 안 될 물이며 어두운 고뇌를 들이마셔야 할 물이다. 또한 생생한 물(샘)은 모두 그 운명이 느슨해지고 무거워지는 물이다. 그러므로 모든 살아있는 물은 죽어가는 물이다. 물은 생명의 근원이며 앞서 말한 바와 같이 인간 상상력의 가장 원초적이고 근본적인 질료이다. 우리가 태어난다는 것은 물에 근원을 두고 있으며 인간이라는 다른 형상을 이루고 있을 뿐이며 우리가 죽는다는 것은 다시 물이 된다는 것이다.

어둠의 물, 잠자는 물은 오필리아의 물이다. 자신이 사랑하는 햄릿의 가짜 예언자 행세에 대한 죄를 대신하여 죽은 오필리아는 죽은 물의 원형이다. "몸에 스며들어 심장까지 물이 넘"쳤다는 것은 이미 죽었다는 의미이다. 그 죽음에는 이미 "지난날의 아름다움이/고스란히 숨어 있음을 안다". 그렇기에 "비는 여전히 살아서" "집을 삼켜버"리고 있다. 우리는 모두 오필리아 콤플렉스를 안고 살아간다. 그 인간 심리를 좌우하는 것, 그것이 현실에서 구현되고 있다는 것은 죽은 것이 아니라 살아있다는 것이다. 그런 비는 다시 생성하는 물로 "새벽녘에야 비의 발꿈치에서/비로소 깨어"나듯 정화의 기능을 갖는다. 시인의 의식 속에서 끊임없이 오필리아의 대속의식을 닮아 가고자 하는 의지가 발현되고 있는 이유일 수 있다.

터진 봇물은
가슴속에 흘러넘쳐
밑바닥을 굽이치고
파도를 철썩여 핏줄마저 넘쳤을 때
슬픔은 어디로 흘러갈까

집도 강물로 넘치고
온 거리를 휩쓸고
산을 넘어
바다로 흘러 들어가도
남아 있는 슬픔

다시 강물이 흐른다
바다에서
산으로
거리로 집으로
가슴 밑바닥을 철썩이는
짙푸른 강물

물결 소리에 귀 기울이다
강물에 몸을 던진다

—「슬픔은 어디로 흘러갈까」 전문

물의 이미지는 크게 '난폭한 물'과 '부드러운 물' 두 개의 유형으로 나누어진다. 난폭한 물은 인간의 의지력에 대한 적, 또는 대립자나 방해물로 나타나며 부드러운 물은 일상적인 것으로 우리의 상상세계를 근본적으로 지배한다. 시냇물이나 강은 우리 일상생활에서 쉽게 접하고 함께 생활하는 것과 같은 이치이다.

안혜경의 시 중에서 위의 시는 드물게 나타난 '부드러운 물'이라 하겠다. 앞서 언급했던 물의 속성 중 맑은 물이며 흐르는 물이다. 거울의 개념과 동일시되는 물이다. 거울은 자아를 발견하는 것임과 동시에 타자를 자아화시키는 물체이다. 자아는 무엇엔가 비치는 형상으로부터 확인되며 그것은 끝없는 자기변성을 통해 자기 내부의 어떤 잠재적인 것을 해방시키는 경지에 이르게 한다. "짙푸른 강물"이라는 거울에 비친 자아가 "물결 소리에 귀 기울이다" 마침내 "강물에 몸을 던"졌다는 말이다.

여기서 외적으로 드러난 슬픔은 나르키소스의 자기애인지, 자아를 타자화한 인식의 또 다른 현상인지 구체적으로 단정하기는 쉽지 않다. 다만, 흐르는 강물에 슬픔을 비춰보았다는 데 의미를 둘 수 있다. 앞서 오필리아의 물의 원형에서 짐작할 수 있었듯 후자에서 단초 찾기가 수월하다는 것은 끊임없이 물의 상상력을 통해 자아를 탐색하고 대속적 구도의 방식을 취하는 것으로 볼 수 있기 때문이다.

그렇다면 슬픔의 원인은 무엇으로부터 발아된 것인가. 슬픔은 내 잘못으로 부끄러워하는 마음, 즉 자괴감과는 다르다. 슬픔의 원인은 내 잘못으로부터 오기보다 외부에 있다. 소중한 무언가를 잃어버리고 느끼는 상실감의 표현이거나 또 다른 고통에서 비롯된다. 중요한 점은 이 슬픔의 원인이 외부에 있기 때문에 스스로는 슬픔을 통제할 수 없다. "터진 봇물은/가슴속에 흘러넘쳐"에서도 알 수 있듯, 화자의 슬픔은 어제오늘의 일이 아니다. 보에 괸 물이 터지면 걷잡을 수 없듯 스스로는 치유할 수 없는 슬픔이 오랜 시간에 걸쳐 내재화되었다. "슬픔이 몰려왔다/사정없이 몰려왔다/왈칵 달려들어/감자자루에 담아 묶어서/베란다에 두었다"가 "햇빛 부서지는 날/구절초 핀 들판에서/자루를 열고/한 잔 마셨다"(「슬픔을 들고 집으로 왔다」)고도 하는 화자의 슬픔은 언제부터 시작되었고 무엇으로부터 초래되었는지는 알 수 없으나 오래된 일상처럼 보인다.

또 한 가지 중요한 점은 슬픔과 분노는 외부에 있다는 것으로, 역동적인 감정이 언제든지 분노로 바뀔 수 있었음에도 불구하고 슬픔의 시간을 견지해 왔다는 점이다. 원인을 밖으로 돌리면 분노가 되는 것이지만 자기 안에 두어 슬픔으로 내재화했다. 바로 슬픔의 구도 방식이라 할 수 있겠다. 그것은 화자의 상상 속에서 그동안 쌓여 있던 이물질들을 허물어내고 떠내려 보내 정화된 세계를 형성하고자 하는 방식이었다는 점이다. 따라서 시인의 시가 은자적 구도의 방식으로 보이는 것은 바로 이 물의 상상력을 통한 대속의식과 구도적인 슬픔의 방식에 있다 하겠다.

꿈을 만지니
연기처럼 사라진다
꿈을 뒤쫓으니
손에서 기억이 흘러내린다
정거장이 되어
가는 곳마다 기다리고 있다
꿈은 서두르지 않고

나는 혼자 달려간다
견디어내면
어디든지 길은 만들어지리라

—「꿈」 전문

“나는 혼자 달려간다/견디어내면/어디든 길은 만들어지리라” 라고 단언하는 시인의 은자적 구도는 앞으로도 계속되리라 믿어 의심치 않는다.

이 도서의 국립중앙도서관 출판시도서목록(CIP)은 서지정보유통지원시스템 홈페이지(http://seoji.nl.go.kr)와 국가자료공동목록시스템(http://www.nl.go.kr/kolisnet)에서 이용하실 수 있습니다.(CIP제어번호: CIP2017003204)

문학의전당 시인선 248

비는 살아있다

초판 1쇄 인쇄 2017년 2월 8일
초판 1쇄 발행 2017년 2월 15일
지은이 안혜경
펴낸이 고영
책임편집 류미야
디자인 헤이존
펴낸곳 문학의전당
출판등록 제2017-000002호
주소 서울시 마포구 마포대로 11길 91, 3층
전화 02-852-1977 팩스 02-852-1978
전자우편 sbpoem@naver.com

ISBN 979-11-5896-305-7 03810